Anke Buthmann

Himmel und Erde,
und mittendrin die Phantasie

Für Carolin, Johannes, Oliver und Stephan mit seinen Kindern Benjamin und Elena

Anke Buthmann

Himmel und Erde,
und mittendrin die Phantasie

Gedichte

Bibliografische Information der Deutschen Nationalbibliothek: Die Deutsche Nationalbibliothek verzeichnet diese Publikation in der Deutschen Nationalbibliografie; detaillierte bibliografische Daten sind im Internet über dnb.dnb.de abrufbar.

© 2024 Anke Buthmann: Anke.Einsiedel@gmail.com

Verlag: BoD · Books on Demand GmbH, In de Tarpen 42, 22848 Norderstedt

Druck: Libri Plureos GmbH, Friedensallee 273, 22763 Hamburg

ISBN 978-3-7693-0064-2

Vorwort

Für Lyrik hatte ich mich nie großartig interessiert. Gedichte lernte ich sehr schnell, vergaß sie aber auch wieder. Nur einige, etwa Fausts Osterspaziergang, blieben haften. Aber ich las, schrieb, reimte und malte schon als Kind sehr gern. Mit der Gründung einer Familie kamen diese Leidenschaften erst einmal mehr oder weniger zum Erliegen. Mein Leben war an Brüchen reich, aber es führte mich kontinuierlich in die Arme Gottes. Es war fast so, als sendete Gott mir Menschen, die mir auf diesem Weg behilflich sind. Er war mit schmerzlichen Trennungen, aber auch mit einer großen neuen Liebe verknüpft. Und je mehr ich mich Gott näherte, desto mehr wuchs meine Kreativität: erst malte ich wieder, studierte theologische Bücher, vor allem die Bibel, und es fielen mir immer mehr Reime zu. Lustige, aber auch sehr ernste, vor allem spirituelle. Eines Tages begann ich sie zu notieren. Gedichte brachen sich in kurzer Zeit in großer Fülle Bahn und füllten meine Notizbücher. Ich betrachtete das Geschehen anfangs mit großem Staunen und wurde mit der Zeit immer gewisser, dass ich, was ich zu sagen habe, einer wenn auch sicher kleinen Schar zur Kenntnis geben könnte. Motiviert durch meinem Mann Reinhard, begann ich in einer lokalen Zeitung zu veröffentlichen.

Was ich in meiner kleinen, wie auch in der großen Welt wahrnehme, findet sich in meinen Erdgedichten wieder – einer verdichteten Bestandsaufnahme, die doch teils recht beunruhigend ist. Stünden sie allein im vorliegenden Band, wäre das möglicherweise nicht sehr erbaulich. Im Gegenzug fielen mir – wie von göttlicher Hand gelenkt – mutmachende Himmelsgedichte zu. Jesus und Maria, die für mich, nicht nach menschlichem Ermessen, sondern nach göttlichem, das größte Liebespaar aller Zeiten sind, nehmen hierin einen zentralen Platz ein. Gott zu ehren, ist mir mit diesen Gedichten Herzenssache. Nur die Liebe, das ist meine tiefste Erkenntnis, kann uns auf einen guten Weg bringen. Meine Fabulierfreude drückt sich allerdings am deutlichsten im Mittelteil, den Burlesken und Phantasiegedichten, aus. Freude ist ein wesentlicher Bestandteil in unserem Leben. Und ich bin mir sicher, dass bei aller Ernsthaftigkeit die Freude gottgewollt in unserem Leben ist. Der Phantasieteil ist in der Mitte platziert und bindet Erde und Himmel. Reinhard, der mich anspornte und das Layout des vorliegenden Bandes übernahm, danke ich aus tiefstem Herzen.

Himmel

Maria

Liliengleiche Blume,
Gottesleibes Krume –
zeichnet goldenes Licht
der Schönsten Angesicht,

ein weißer Hase,
des Herzens Oase –
wird Gottes Sohn
der Reinsten Lohn,
Dornenrosen stechen,
Himmelsherzen brechen –
doch führt der Jubel am Ende
die Jungfrau Gott in die Hände.

Rose der Nacht

Oh, du Rose der Nacht,
endlich bist du hell erwacht,
hast abgestreift dein Dornenkleid,
strömst lieblich Duft für alle Zeit,

für Ihn bist du ein Wohlgeruch
der Finstere noch ärger sucht,
er will dich allzu gerne brechen,
um am Schöpfer sich zu rächen,

ach, wie viele Herzensströme tosen,
dich zu schützen, herzen, kosen,
doch wirst du erst einmal entrückt,
damit das Böse dich nicht pflückt,

wunderwirkend wirst du kommen,
nachdem dein Sohn erst ward vernommen,
mit Gnade und Barmherzigkeit:
verbannt Er Elend, Schmerz und Leid,

oh, du Rose einer hellen Nacht,
du hast die Liebe uns gebracht,
du Mutter der Barmherzigkeit
im himmelblauen Mantelkleid!

All-Eins

Ich bin der Wind,
ein Gotteskind,
Ich bin der Regen,
wahrer Segen,
Ich bin die Sonne,
Herzens Wonne.

Ich bin der Turm
mitten im Sturm,
Ich bin deine Insel,
du Einfaltspinsel,
Ich bin der Baum
im Wüstentraum,

Ich bin im Himmel
auf Wolkenschimmel,
Ich bin die Erde,
schöpfe und gebäre,
Ich bin der Ich bin,
für Alles der Sinn.

Anfang ohne Ende

Liebe überall,
bis es kam zum Fall,
getrennt vom Geist,
was Kälte heißt,

so kalt – so arm
trotz Kleider-Charme,
verbannt vom Herrn
zum Erdenstern,

so dunkel die Erde
dank Lucifer werde:
oh Lichtengels Schmerz,
der verloren sein Herz,

ohne Herz jagt er Seelen,
dass sie Gottes Plan fehlen,
bereitet nur Fallen,
in die viele knallen,

der ganz große Knall
kommt auf jeden Fall:
Lucifers Macht gebrochen,
kommt er vor Gott gekrochen,

ob die Liebe ihn erweicht?,
Gott Lucifer die Hände reicht?,
alles in Liebe getaucht –
Menschsein ausgehaucht?,

Gott allein hat den Plan
gegen Lucifers Größenwahn:
Jesus, Du unser Licht,
brenn ein in unsere Herzen Dich!

Verheißung

Sarah empfing:
nicht auf natürliche Weise,
Gottes Segen ging
mit ihr auf besondere Reise,

Sarah war frei,
gebar einen Sohn des Geistes,
sein Name Isaac sei,
Glück und Lachen heißt es,

Hagar – gefangen,
heißt: Berg Sinai in Arabien,
im irdischen Verlangen,
Mutter Unfreier und selbst Sklavin,

Hagar empfing:
Ismael auf natürliche Art,
fort mit ihm ging,
Isaacs Anspruch ward gewahrt,

allein Isaac weist
den Weg zum neuen Testament,
er wurde gespeist
im Geist, von Gott nie getrennt,

damals schon
war stern- und sonnenklar,
Gottes Reich wird Lohn,
wenn die alte Erde nur noch: war!

Moses

Ich bin der Ich bin,
so Gott zu Mose sprach,
bring die Zehn Gebote hin,
das Goldene Kalb zerschlag,

ein Weidenkorb im Nil,
das Kindlein ausgesetzt,
Pharaos Schwester zum Ziel,
Mose ihr das Herz benetzt,

so wuchs er auf als Herrscher,
doch rührten ihn die Sklaven,
nicht gleich, doch bald wusste er,
er führt sie in schützende Hafen,

fremdes Volk mit einem Gott,
hatte Pharao zu verstehen,
weil alles wurde ihm zu Schrott,
ließ er Mose mit den Seinen gehen,

Mose mit dem Hirtenstab
durchs Meer zum Jordan brachte:
sein Volk, für das er alles gab,
das tanzte und endlich lachte,

als Mose auf dem Heiligen Berg
Gott suchte: vierzig Tage,
verführte sein Volk ein böser „Zwerg",
Gottesfürchtige voller Klage,

oh Volk, wie bist du wandelbar,
ohne Wurzeln erdenlos,
beeinflussbar und tintenklar,
entlässt du dich aus Gottes Schoß,

Ich bin der Ich bin,
so Gott zu Moses sprach,
bring die Zehn Gebote hin,
das Goldene Kalb zerschlag.

De-Mut

In den Höhlen vor Bethlehem
das Wunder Gottes ist geschehen,
ein Stern wurde dort geboren,
drei Könige hatten sich geschworen,

zu diesem Sterne hinzufinden,
schwere Wege sie mussten überwinden,
des Kindes Sein war vorbestimmt,
Joseph Es in Seine Obhut nimmt,

wie auch Maria, die reinste aller Frauen,
in himmelblaue Augen durfte er schauen,
galt er als Sein Vater doch in Nazareth,
der gute Zimmermann: weise und auch nett,

als Jesus etwa dreißig, „musste" Joseph sterben,
seinen Tod Er konnte nicht beerben,
Maria hatte den Kreuzestod mitzugehen,
sie fühlte alles, was mit Jesus ist geschehen,

jeder Geißelhieb in ihrem Herzen
sorgte für die schlimmsten aller Schmerzen,
mehr tot, so musste sie dennoch leben,
den Aposteln ihre Kirche übergeben,

die Jünger lehren, was ihr Sohn sie lehrte,
die Sehnsucht nach Ihm vieles ihr erschwerte,
doch alles auf Erden sie erfüllte,
bis Jesus sie in Seinen Mantel hüllte.

Sündflut

Es frostet das Eis
des Himmels Rot weiß,
die Zeit springt zurück:
das Kreuz dort im Blick.

Am Kreuz Gottes Sohn,
zuvor Spott und Hohn,
im Mantel blutrot,
Sein Leib, er war tot.

Unruhe der Zeiten,
die Sündflut ließ weiten
der Menschen Herzen
im Tanz ihrer Schmerzen.

Am Himmelskreuz strahlen
durch Wunden der Qualen
Lichtbündel hernieder:
ertrunkene Erde atmet wieder.

Das Sündkreuz entschwindet:
der Suchende findet
Eingang ins Paradies,
sich ewiges Leben ergieß!

Sternenauge sag mir

Sternenauge sag mir,
warum muss das so sein?,
das Leben weiter nichts als Gier,
Krieg ob Groß ob Klein,

Sternenauge sag mir,
wie kommen wir da raus?,
da Liebe längst schon nicht mehr Zier,
sieht's schlecht um uns doch aus,

Sternenauge sag mir,
der Mensch ist schlecht, nicht gut?,
wie lange bleibt er noch im Hier
so voller Hass und Wut,

Sternenauge sag mir,
kehren wir zur Quelle heim?,
ob Stein, ob Pflanze, Mensch und Tier,
befreit vom Erdensein,

Sternenauge, ich sage dir,
die Erde ist doch wundervoll,
erfülltes Leben könnten haben wir,
das Herz vor Liebe überquoll.

Die schwarze Schlange

Krähen fliehn aus meinem Herze,
Ringe bersten aus Eisenerze,
Licht strahlt auf, wird immer heller,
Ströme pulsen schnell und schneller.

Es windet sich im Licht die Schlange,
angstvoll zitternd – ihr ist bange,
lächelnd spritzt sie Gift wie Hohn,
für Freundlichkeit und Mut ihr Lohn.

Die schwarze Wolke sendet Schlangengift
und folglich auf die Schlange trifft,
sie einen sich im Liebesreigen,
es klingt Musik aus schwarzen Geigen.

Oh, schwarze Schlange, du bist fort!,
hinweggeweht an einen fernen Ort,
kannst nicht bestehn in meinem Licht,
das gottgewirkt die Liebe flicht.

Windhauch

Ein Wind, ein Hauch
schaurig schön,
ein Lichtlein auch,
wohl anzusehn,

trifft meine Augen
im Mondenschein,
ich muss es nur glauben,
wer tritt in mein Sein,

es ist die Liebe,
Gott auch genannt,
fort sind die Diebe
im Schafspelzgewand,

ich muss es nur glauben,
was grad hier geschieht,
ich schließ meine Augen,
dass nimmer es flieht.

Gebet II

Oh, mein Gott:
das Leben ohne Dich: wie schwer,
traurig-verloren im eisigen Meer,
abgetrennt meines Lebens Elixier,
die Liebe in mir hat kein Quartier.

Ach, mein Gott:
mit Dir ist mein Leben: so schön,
Deine Hand lässt mich von innen sehn,
Du gabst mir einen lieben Mann,
Erden-Lasten ich tragen kann.

Und, mein Gott:
in meinem Leben: Tag für Tag
zerrinnen Angst, Wut oder Klag
im irdisch-feurigen Sammelbecken,
Tränen allein noch zu schmecken.

Mein Gott, mein Gott:
es ist an der Zeit: Dir zu singen,
Dank in Dein Herz Dir zu bringen,
zu lobpreisen Liebe und Segen,
Deine Gaben auf all meinen Wegen.

Nur die Liebe

Sternengekrönt steigt sie aus dem Meer,
es ist ihr vorbestimmt von Urzeiten her –
große Menschen vom Schöpfergott auserwählt,
mit Liebe gerüstet und Glaube gestählt,
werden gesendet, von Engeln begleitet –
sanftmütigen Fußes sie den Erdball beschreitet:
sie, Reinste der Reinen, Mutter des Herrn,
empfängt Ihn, der aus himmlischer Fern
kommt zu uns, zu uns, den selbstgerechten
gottfernen Menschen, guten wie schlechten,
die Liebe zwar suchen, sie aber nicht finden,
im Dickicht der Lügen sich winden,

mit den zwölf Sternen Er unter uns weilt
und Seiner Liebe so wunderwirkend Er heilt,
ans Kreuz geschlagen: Meerschaumgeborener,
nur liebeatmender Weltenverlorener,
immer wieder, jeden Tag aufs Neue,
überwindend den Tod für ein Leben in Freude,

für uns , Er gibt uns Raum in Seinem Herzen,
brechen wir unsere, die aus tönernen Erzen,
stahlhart-vermauert, unter ständigem Druck,
zersprengen Mauern mit kraftvollem Ruck,
mithilfe unserer Mutter, Engeln und Heiligen,
mit Liebe diese Welt wir entsteinigen.

Liebeshimmel – Himmelsliebe

Lila-Rosa-Violett,
so lädt ein das Himmelsbett,
die goldene violette Flamme,
uns gesandte liebste Amme,

Lila-Rosa-Violett,
Liebeszauber zart und nett,
ergeben diesem Farbenmantel,
belohnt mit vollem Liebeswandel,

Lila-Rosa-Violett,
Rausch der Sinne im Ballett,
im Pas de deux in Eins vereint,
nicht allein der Himmel weint.

Schneeflocken: blutrot

Schneeflocken: blutrot,
Mondaugen: gebrochen,
Sonne verglüht: bald tot,
was kommt da gekrochen?,

die Schlange: das böse Tier,
schnalzend: mit der Zunge,
wirft den Apfel hernieder: hier!,
Atemnot der Erde Lunge,

am Himmel da: ein Regenbogen,
auf einem weißen Pferde: Er,
die Schlange wieder mal gelogen,
glauben wir's, doch das ist schwer.

.

Auferstanden

Tot. Tot?
Tot …

Mein Freund bist Du, für mich gestorben,
die in der Welt voll Gift verdorben!,
ich weiß es besser, tu trotzdem Schlechtes,
und höre doch den Ruf: tu Rechtes!,

die Stimme ist nicht totzukriegen,
sie will, dass Liebe, Hoffnung, Glaube siegen,
Du bist bei mir, mein ganzes Leben
und willst mir Halt und Heil auch geben.

Auferstanden. Auferstanden?
Auferstanden …

Mein Freund, Du hast den Tod besiegt,
Du weißt, was in der Welt geschieht,
und willst doch alle Dir gewinnen,
dabei die Welt ist am Zerrinnen,

schließ mich in Deine Wunden ein,
lass heilen mich und mach mich rein,
Dein Blut sei nicht umsonst vergossen,
ich bin Dein im Kreuz wie ausgegossen.

Heil. Heil?
Heil …

Oh, Du, geliebter Freund, der beste
vor Herzen stehst wie vor der Feste,
vermauert, turmhoch, meterdick,
durchdringst sie doch ganz ohne Trick,

mit Liebe nur, ich hab's erkannt,
ich flieh zu Dir, komm angerannt,
erbitte Heil für all die andern,
die irren, wirren, ziellos wandern.

Tot ... Auferstanden ...
Heil ...

Du bist das Heil, der Weg der Wege,
legst über Seelenqualen sichere Stege!

Herz-Heil

Mein Winterstern:
wie habe ich dich gern!,
ich habe Dich gesehen
am Waldrand bei den Schlehen,

stachelbesetzt Deine Krone:
lachen die Spatzen zum Hohne?,
rotgetränkt der Schnee
tut meinem Herzen so weh!,

will Dich fassen:
in mein Herz ein Dich lassen,
vergessend die Qualen
wirst Du in mir strahlen,

mein Herz heilt:
jeden Morgen zu Dir eilt,
ich geh zu den Schlehen
Moses' Dornbusch flammend zu sehen.

Frühling

Ich liebe dich,
du wiege mich
in deinen Armen,
die mich umgarnen.

Du liebst mich,
ich stütze dich
mit meinem Lichte,
und indem ich dichte.

Wir lieben einander,
das Leben durchwandern
wir hinein in Gottes Himmel,
hörn der Engel Glockengebimmel.

Jesus

Nacht der Nächte:
Ende und Beginn,
verflogen alles Schlechte,
Liebe nur gibt Sinn.

Sternenschwestern tanzen
um den einzig wahren Stern,
der die Liebe nur will pflanzen,
wie der Apfel wahrt den Kern.

Tanz der Tänze:
Liebe pflanzt sich fort,
sprengt doch jede Grenze,
Frieden ist vor Ort.

Weihnachten

Die Weih-Nacht naht,
Liebe will sich zeigen,
der Mensch laut plant,
und sollte schweigen,

den Strom zum Herzen
fühlen und frohe singen,
fortgeblasen Schmerzen:
das Herz kann klingen,

Kinderaugen strahlen,
Wundern voll vertrauen,
fort der „Alten" Qualen,
mit den Kindern bauen,

Licht vertreibt das Dunkel,
Liebe besiegt die Angst,
raus aus Dunkel-Munkel,
dass du die Liebe fangst,

zu uns das Licht will eilen,
spannen wir die Herzen auf,
auf immer soll's verweilen,
Freude nimmt fortan Lauf.

Sieg

Mein Herz schlägt Zornesfunken,
seit der Satan mir gewunken:
komm her zu mir, du liebes Kind,
eile, komm, geschwind, geschwind!

Den will ich raus aus meinem Leben,
nur Gott allein soll Sinn mir weben,
das Heilige Kreuz sei Stütze mir und Licht,
dem Dunklen folg ich einfach nicht.

Blass ist er nun zurückgewichen,
ganz still und leis davongeschlichen,
mein Herz tut einen Jubelsprung:
dem Heiland zu, der stark und jung.

Herzflimmern

Mein Herz: es trinkt den Tau der Rosen,
die Wasser beginnen zu singen und zu tosen,
sie spülen alle Herzensgänge rein –
wie kann das Herz doch leichte sein,
es atmet die Freiheit hoher Berge,
lädt Jesus in meine Herzensherberge,

verweile dort: gib mich nie mehr frei,
Deine Fesseln sind mir nimmer einerlei,
sie binden mich, ohne mich zu stören,
und mein Herze kann Dich sehr gut hören,
eins nur will ich tun: Deinen Willen,
mit ihm sollst du meine Sehnsucht stillen.

Segen

Der erste Mut
unter dem Hut:
ein erster Kuss
und ein erstes Muss,

im Kussesrausch
den Amseln lausch:
peitscht Ostseewind
zwei liebende Kind,

flott und munter,
doch rauf und runter:
der Weg des Herzens
bescheret Schmerzen,

zusammen in Eins
geworfen wie keins:
hindurch die Wehen
führt zum Verstehen,

im Liebesrausch
den Himmel tausch:
beim Herrn kehr ein
zum Glücklichsein.

Seelenfenster I

Die Sonne zaubert Blumen mir
ins schattige Seelenfenster,
es ist nun mal sehr dunkel hier,
ein Reich auch für Gespenster,

doch oft sie haben keine Macht,
Herz-Licht vertreibt das Dunkel,
und wenn mein Herz so richtig lacht,
gibts Herzen-Tanz-Gefunkel,

wer glücklich ist auf dieser Welt,
bezeugt Gottes Reich auf Erden,
er wurde eigens herbestellt,
ein Engel in der Höll zu werden.

Seelenfenster II

Augen als Fenster zur Seele,
Fenster beseelen ein Haus,
dass ein Auge Herzen stehle,
schließt sich bei Fenstern aus,

Fenster zeigen nüchtern
was im Innern vor sich geht,
Augen blicken schüchtern,
ob man richtig sich versteht,

blaue Lider himmeln an,
die Jalousie fällt nieder,
sie betören jeden Mann
wie der Duft von Flieder,

Scheiben blind zerkratzt,
Augen längst erkaltet,
die Seele niemals angefasst,
wenn keine Liebe waltet.

Rosentau und Zauberperlen

Rosentau auf den Wangen,
nicht vom Regen aufgefangen,
Glückstränen gleichet er,
ist doch aber so viel mehr,

die Liebe unser allen Seins,
Essenz allein und weiter keins,
wirkt Sonnenstrahlen gleich
aufs Herz besonders weich,

Zauberperlen im Gewand
schwappen über'n Herzensrand,
färben rosig das Gesicht,
weben zu noch goldenes Licht,

zwei Holde liebevoll verwandt,
so herrlich Rosentau gesandt,
im Gleichklang dieses Hohelied,
die Liebe über alles wiegt.

Abschiedsgruß

Sei gedrückt,
geh ungebückt
übern Steg
manch langen Weg,

sei geküsst,
du bist vermisst,
schließest du den Steg,
der dich führt den Weg –
zu mir,

sei geliebt,
der Herr dir gibt
seinen Segen
auf deinen Wegen –
zu mir,
zu dir,

zu uns.

Liebe

Menschen: der Liebe voll so waren –
teilen nicht in reich und arm,
sexy, doof oder hat Charme –
sind für jeden stützend' Arm,

Menschen: vor Verliebtheit trunken,
ganz ineinander nur versunken,
es hat wohl herrlich zugewunken
im Herzen seinen Gottesfunken:

GOTT.

Menschen: in tiefer Liebe sind vereint,
fast wie ursprünglich gemeint,
die Ehe mit Gott jedoch verneint,
alles auseinanderzufallen scheint,

Menschen: Herzen hinterm Eisen-Gitter,
doch da das flammende Gewitter,
Eisen schmilzt, löst auf das Bitter,
das befreite Herz vor Jubel zitter.

Ruhe

Ruhe ziehet in dich ein,
Gnade tief und ach so rein,
und sei es auch nur ein Moment,
die Zeit steht still, davon nicht rennt.

Friedenszauber im Gesicht,
wie ein strahlend' Morgenlicht,
die Silberschnur zum Himmel flirrt,
deine Seele bei Gott ist angeschirrt,

lass die liebe Liebe schalten,
Gott wird fortan in dir walten,
fühlst du alsbald dich durchtrennt,
Gott dir immer Seine Liebe schenkt.

Eingeschrieben

In mein Herz steht eingeschrieben:
nichts Anderes sollst du tun als lieben,
so begann dann auch mein Leben:
in mich tief versenkt ist Gottes Segen,

leicht gelangen alle Dinge: mir!,
kam mit Menschen klar und jedem Tier,
doch eines späten Abends: dann!,
unter meinen Fingern viel zerrann,

meint, so lieb nicht zu bestehen können,
begann dazu durchs Leben nur zu rennen,
formte mich härter als ich bin,
es zog mich sehr zu meinem Ende hin,

ein starker Name wurde mir gegeben:
„Alpha" und „Omega" sollten mich bewegen,
leiten und auch liebevoll beschwören:
verschlossen!, um die Engel nicht zu hören,

und plötzlich war sie endlich da: die Liebe,
Gott schätzt und hütet junge Triebe,
ich schwimme mit den Wellen: auf und nieder,
und fühle, das Leben hat mich wieder.

Thérèse von Lisieux

Als kleines Kind ein Windfang,
auf der Schaukel nicht bang,
hoch hinaus – der Fall sehr tief,
ihr Leben ebenso verlief?

Auf einmal ward dem Kinde bange,
der Teufel nahm sie in die Zange,
und riss sie fast aus diesem Leben,
doch Gott wollt ihr die Chance geben.

Thérèse sah Maria zu ihr lächeln,
später hörte sie die Leute hecheln:
welch Wunderkind, doch einfältig, naiv,
schlugen der Hochbegabten Wunden tief.

Ihren Jesus liebte sie vor allen,
und so tat es prächtig ihr gefallen,
als er früh, so früh sie zu sich rief,
nach schwerem Kampf sie in Ihn sank: so tief.

Zeigt sie uns den „Weg der kleinen Schritte",
dass Gott in uns der Weg zur Mitte,
der Gott, der nicht straft, sondern rettet,
in Seine reine Liebe ein uns bettet.

„Kleine Blume" wird sie auch genannt,
ähnlich den Kornblumen am Feldesrand,
Gott ließ es für sie rote Rosen regnen,
Thérèse und vor allem uns zum Segen.

Sternenregen

Vom Regenbogen getrunken,
in seinen Farben versunken,
lichtdurchflutet vor Liebe,
ins Herz ein sie sich schriebe,

alle die Ängste verborgen,
gelöscht samt ihren Sorgen,
im Farbenrausch die Sterne
auf leuchten aus der Ferne,

hinterm Bogen sich versteckt,
bis die Sonne sie kräftig neckt,
mitten im explosivsten Niesen
Kristalle aus dem Bogen fließen,

farbensatt des Bogens Kinder,
seien wir doch Sternenfinder!,
lassen sie auf Erden strahlen:
Liebe bindet Seelenqualen.

Phantasie

Sonnenhände heilen

Sonnenhände heilen,
was immer sie berühren,
Rosenhände teilen
Himmel und verführen,
Zauberhände weilen,
Wunder gar zu küren,

Anouschka Sonnenhand
wurde einstens sie genannt,
Falkenkind in Federrot,
der Sonne allerliebster Bot':
erhebe Herz und Schwingen,
lass Freiheitsrufe klingen,

Eichelhäher Rosenhand,
azurblau-weißes Samtgewand,
Marias Rosenduft verbreitet,
enge Herzenskammern weitet,
Sturzbachs Tränen freier Lauf
der Liebe allerschönster Kauf,

Taubenfreundin Zauberhand,
silberweiß am Weltenrand,
wirkt mit lichtem Flügelschlag
Gold in einen Schattentag,
Geist erhebet wundergleich
Stille dröhnend Menschenreich.

Reimkiste

Bin ich ruhig und entspannt,
kommen die Reime angerannt,
sie im Hirn ganz einfach sprießen,
Kraut-Rüben in die Suppe schießen,

in der Nacht die besten der Ideen
in des Mondes Schein bestehen,
sammeln sich am Herzensort,
fließen ein und wieder fort,

ich sie jemals wiederfinde,
hin und her die Reime winde,
nein, es fallen mir immer neue zu,
mal kleinere und mal größere Schuh,

wie gern ich meinen Meister fände,
der mir alle diese Reime sende,
die mich über Steine tragen
und um herzlich Dank zu sagen.

Zwergenlicht

Im Blaulicht der Berge
sieht man zwei der Zwerge:
Luipold und Augentrost,
die haben eben ausgelost,
wer heute in die Stadt mal fährt,
da der Wein ist ausgegärt,

Luipolden hat's getroffen,
doch der Wicht ist arg besoffen,
ständig hat den Wein probiert,
als Augentrost die Kart' studiert,

so trampelt Augentrost dann los,
den Luipoldi auf dem Schoß,
das Rad ist aber nicht für Zwei,
ein Holper, hups!, es bricht entzwei,

Augentrost aufs Weinfass fällt,
das in den Hänger ward gestellt,
Luipold im Rasen liegt,
als Augentrost vorbei ihm fliegt,

der Hänger an den Felsen knallt,
das Weinfass birst, noch lang es hallt,
es rappeln sich die beiden Zwerge
und ziehn zurück in ihre Berge.

Zebru

Das Zebra nimmt sich heute frei,
will für sich mal dreierlei:
aus Streifen will es Karos machen,
die Hufe sollen donnernd krachen,
rosa Sonnenbrille wird aufgesetzt,
als Zugabe noch die Zunge gewetzt,

so trifft es auf den Bruder Drachen,
der biegt sich krumm vor lauter Lachen,
aus seinen Nüstern Flammen schlagen,
da hört er doch das Zebra sagen:
„mein lieber Freund, ich bin Zebru,
das einmalig große Daddeldu,

ich kann in die Wolken fliegen,
den größten Löwen gar besiegen,
wenn ich mit den Hufen scharre,
gerätst auch du in Angstschweißstarre",
der Drache erstaunt mit Tassenaugen,
kann seinen Ohren nicht richtig trauen,

„Klappe!!!", brüllts aus ihm heraus,
„was willst du Wichtig-Tuer-Maus
mir eigentlich damit bedeuten,
noch eins, dann hörst du Glocken läuten",
Zebru, das große Daddeldu,
kriegt sein Maul nicht wieder zu,

schlotternd piepst sein kleines Stimmchen
ein sanft Entschuldigungs-Vernimmchen,
„ich wollt so gern ein Andrer sein,
klug und stark wollt ich die Anna frein",
der Drache nachdenklich und besänftigt:
„aber gerade so bist du ein Hänfling,

sei ganz einfach der du bist,
ein Streifen-Zebra, das verliebt in Anna ist,
schmeiß fort die Brille in hohem Bogen,
gehe unverstellt und unverlogen
in die wunderschöne weite Welt,
wirst sehn, viel Glück für dich bereit sie hält".

See der Liebe

Stille am See im Perlenglanz,
der Käfer ebbend Lichtertanz,
Tauben aus dem Sternenfeld,
eine Schnuppe sich hinzugesellt,

Sonne Mutter Mond verdrängt,
Sichel schwach am Himmel hängt,
von ihr herab schwingt Adlerauge,
in den See zum Bad er tauche,

wundersam entsteigt ein Mann,
indianerhaft schleicht er heran,
das scheue Reh fest zu umarmen,
liebend Augen zum Erbarmen,

goldenes Licht umhüllt die beiden,
niemals wolln einander scheiden,
ein Lichtstrahl trifft das zarte Reh,
der Mann im Arm hält seine Fee,

Glückseligkeit in höchster Form,
der See erzittert selbst enorm,
aus seinem Grund die Stimme klingt,
zum Liebesreigen Lieder singt,

Vater Sonne seine Lider senkt,
der Tannenwald voll Glocken hängt,
da: hör des Adlers lockenden Ruf,
ein Reh beschwingt wirft seine Huf,

der See ein Sonnenspiegel nun,
Geheimnisse wohlig in ihm ruhn,
goldener Grund wirft seine Strahlen,
in der Liebe vollen Schalen.

Zwerg Nase, genannt der Vollpfosten

Zwerg Nase auf zum Himmel blickt,
der gute Geist herunternickt:
„geh nur, geh, du kleiner Mann,
vollbringe Wunder dann und wann",

die Nase in die Wolken ragt,
den Wolken dieses nicht behagt,
senden ihm paar Regentropfen,
die kräftig seine Nase klopfen,

da näselt doch der nasse Zwerg,
„so schaff ich keinesfalls den Berg"
und beginnt darum herumzulaufen,
sieht einen Keiler Wasser saufen,

der Keiler sieht die Riesen-Nase,
mit Öffnung einer Blumenvase,
scharrt mit den Hufen, Funken fliegen,
Zwerg Nase möchte Deckung kriegen,

saust die Nase vorneweg zum Acker,
sieht den Pfosten nicht, der Racker
und windet sich – ach je, wie dumm,
drei Mal um den Pfosten rum,

da stöhnt die Stimme aus dem Himmel:
„Mann, oh Mann, hast du 'nen Fimmel,
senk die Nase lieber mal zur Erde,
dass aus dir kein Vollpfost' werde",

so ward sein Name doch geboren,
es höre hin, wer hat Paar Ohren:
siehst du den Wald vor Bäumen nicht,
Nase runter, kleiner Wicht!

Alpenglühn

Aus dieser sternenklaren Nacht
durch Weckmusik sanft aufgewacht,
nehm ich mit den Rosentraum,
er ist hier in meinem Arbeitsraum,

der Kopf noch immer leicht vernebelt,
klares Denken ausgehebelt,
spür ich Alpenglühn von den vier Wänden,
der Steinbock greifbar nah mit Händen,

ein Murmler an des Baches Lauf,
die Forelle grüßend aus ihm tauch,
mein schwarzer Hengst mit wehender Mähne,
in ihr einen Schmetterling ich wähne,

sie alle treffen aufeinander,
schnell auf sie zu ich wander,
Rosenfarbe und Sterne im Gesicht,
um uns herum ein rosa-weißes Licht,

mein Herz geöffnet wie die Rosen,
es will wogen, singen, jubeln, kosen,
mich tragen in des Prinzen Kammern,
vorbei die Sorgen, sämtliches Jammern,

da klopft es plötzlich: wie nur, wo?,
ein Wesen kommt herein – wie aus dem Zoo,
mit freundlich aufgesetztem Lächeln
will es über Andre hecheln,

da schau ich traurig in die Welt,
in der ich nicht gut „aufgestellt",
mit liebem Blick auf all das Schöne,
in einer Welt voll grober Töne.

Schwanenfee

Ein majestätischer Schwan
zieht auf dem See seine Bahn,
es ist auf seinem Rücken
ein wildes Mädchen zu erblicken,

Phantastica ward sie genannt,
ein Mädchen außer Rand und Band,
außer, schwimmt sie auf Arfu,
da ist das Kind voll Würd und Ruh,

kaum am Ufer angekommen,
winkt sie Arfu – springt unbenommen
auf Essael den Ziegenbock,
über Wiesen gehts mit wehendem Rock,

die roten Locken zaust der Wind,
Vöglein umflattern das herrliche Kind,
Fuchs Reinhard lässt den Hasen los,
der springt dem Mädchen in den Schoß,

Phantastica die Liebe bringt,
sogar Fuchs Reinhard mit der Sonne singt
die alten wundervollen Weisen,
die sogleich in alle Herzen reisen.

Die Sonne sengt

Die Sonne sengt,
ein Hirsch lenkt
rasant um die Ecke
und brettert in die Hecke.

Senkt das Geweih,
auf dem ein Ei
aus dem Nest der Henne,
die schreiend fort gleich renne.

Beschwert sich flink
bei Frollein Fink,
will Alarm in die Tute blasen
und landet in der Blumenvasen.

Ein Mordsgedöhns,
der Hirsch, er stöhnts,
die Henne lauthals wettert,
das Finkenfrollein schmettert –

das Ei fliegt endlich vom Geweih,
heraus ein putzig Küken schaut, ei, ei,
entzückt sind alle, still und froh,
die Geschichte endet gut, ho, ho!

Musik

Rhythmus aufgetischt,
Herz erfrischt,
Herz berührt,
Kraftherd aufgespürt,

Melodie verzaubert,
Quelle gesaubert,
Quelle freigelegt,
Herzblut sturmbewegt,

Liedtext entfesselt,
Kopf entkesselt,
Kopf ausgedampft,
Lachen unverkrampft,

--- der Tänze Tanz ---
-- Liebeskranz --
- Augenglanz -
Resonanz

Zwergenreim

Der Zwerg
steigt auf den Berg,
zu schaun wie der Riese
auf die schöne Wiese.

Der Reiher
in seinem Weiher
wünscht auf seinem Teller
Fisch aus Nachbars Keller.

Der Hund
tut seinen Jungen kund,
wer isst viel Wurst,
kriegt mächtig Durst.

Alfons der Hase
macht 'ne lange Nase,
Franz der Dackel
mit den Ohren nur wackelt.

Sagt die Kuh:
gebt endlich Ruh,
ich sitz noch in den Nelken,
könnt später ihr mich melken.

Das Ende
vom Glück sich wende,
wie die Wende
glücklich ende.

Die Winde
wiegen die Linde,
die Vöglein singen,
Freude uns bringen.

Der geplagte Heiner

Dieser Tag heute,
liebe Leute,
ist nicht meiner,
sagt der Heiner.

Rollt sich aus dem Bett
und bekommt sogleich sein Fett:
stolpert über Schuhe,
ein Plumps!, dann Ruhe.

Ein Horn auf der Stirn
vergrößert sein Gehirn,
so sagt der Heiner,
glauben tut's ihm keiner.

Als auf Arbeit er kommt an,
kommt der Luis zu ihm heran:
was ist denn mit dir nur los,
wieso kommst du ohne Hos'?

Sein muss das ein Traum,
Heiner glaubt es kaum,
als er schaut an sich herunter,
es wird ja immer bunter.

Verschiedene Strümpfe,
es grüßen glatt die Schlümpfe,
da ist es mit ihm aus,
er rennt nach Haus.

Hardi und die Tiere

Als Hardi mitten in der Nacht
mit dem Roller eine Fahrt gemacht,
geschah etwas so Wunderbares,
hört nur gut zu – genau so war es:

der Motor summt ein Liedchen sich,
der Hardi pfeift recht ordentlich,
der Mond die Wolken rötlich taucht,
der Venus-Stern vor Liebe jauchzt,

da plötzlich, welch ein Riese dort,
der Roller fährt alleine fort,
und Hardi sitzt auf Hirschen Bruno,
der redet auch noch los: „Nanuno,

halt dich gut fest, mein lieber Freund,
forsch drauflos und nichts gescheut,
ich reit mit dir durch Flur und Wald",
Hardi ehrfurchtsvoll die Hände falt',

angekommen in des Waldes Lichtung,
beginnt der Hardi mit der Sichtung,
vielerlei Tier sieht er dort im Kreise stehn,
was sie reden, kann er nicht verstehn,

in hohem Bogen saust er in die Mitte,
Bruno sagt, das sei so Sitte,
da steht nun Hardi ganz allein,
empfängt von jedem Tier 'nen Reim,

das kann ich hier nicht wiedergeben,
Hardi müsste sich sehr schämen,
große Tränen kamen nun ans Licht
purzeln über Hardi sein Gesicht,

jeder Reim saß wie ein Peitschenhieb,
die Waldestiere ihn umarmen lieb,
denn das tat ihnen allen furchtbar leid,
sie gaben ihm auf Bruno dann Geleit,

setzten ihn auf seinen alten Roller
und meinten, er sei ein wirklich toller,
guter Mensch, der Tiere mag,
das sei gekommen an der Nächte Tag,

Hardi, Glückssterne im Gesicht,
fuhr nach Haus nach dem Gericht,
erzählte Kindern mitten in der Nacht,
welch Geschenk ihm Bruno hat gebracht,

die Kinder aus dem Fenster blickten,
ein Dankgebet dem Monde schickten,
ein Goldgeweih sie darin sahen,
der Tag der Liebe sollte nahen.

Amélie

Amélie das Blumenkind,
im warm-verträumten Sommerwind,
flicht sich einen Kranz aus Mohn,
der Mittagssonne wohl zum Lohn,

auf samt'nen Pfoten Katze Anne
schaut verdattert in die Kanne,
aus der ein Quak-Ton dringt heraus,
Alfons Laubfrosch, ei der Daus,

krault in Rückenlage so dahin,
in die Sonn gereckt sein witzig Kinn,
Anne belächelt hoheitsvoll sein Treiben
und will lieber trocken bleiben,

da fliegt ihr plötzlich um die Ohren,
Erde, Gestein von einem Mohren,
ihr Schnurrbart kräuselt sich vor Schreck,
und schon ist Maulwurf Edo weg,

saust zum Blumenkinde Amélie,
auf des Hauptes Kranz geschwind wie nie,
tanzt er auf goldener Lockenwiese,
ruft zu der weißen Katzenliese:

ich wahrlich bin ein Himmelskind,
auch meist ich mich da unten befind,
kommt, lasst uns ausgelassen singen,
die Sommersonn' zum Glühen bringen,

die beleidigte Anne muss schnell lachen,
Purzelbaum im Grase machen,
Frosch Alfons aus der Kanne springt,
ein in das frohe Spiel er stimmt,

die letzten Blüten von den Bäumen,
durch ihr Wiegen schneiend säumen
ein die flimmernde Sommerwiese,
krönen Blumenmädchen Amélie.

Guljana

Mondprinzessin Guljana,
verbannt wurde auf Gaja,
mit himmlischen Gaben,
sollt sie aber Strafe haben,

das Leben auf der Erde roh,
auf dem Mond dagegen froh,
voller zarter Himmelsgeigen,
Schwingen nur im Engelsreigen,

ein Bambusboot sie brachte,
der alte Bauer dachte:
was für ein Gottesgeschenk,
Gott uns das Kindlein zugedenk',

Guljana im Garten der Liebe
wuchs voller schönster Triebe,
feinstes Gewächs der Erde,
vielen sie zu Eigen werde,

doch das wollt Guljana nicht,
auf Männer lieber sie verzicht',
sie liebte die Blütenbäume mehr,
die Blumenwiesen um sich her,

als sie wurde zu sehr bedrängt,
fühlte sie sich eingezwängt,
ihr Schrei gelangte bis zum Mond,
sie erfuhr, sie wird nun abgeholt,

da fiel ihr alles wieder ein,
hart sollt wohl die Erde sein,
doch sie erfuhr Barmherzigkeit,
Liebe, Farben, Regenzeit,

sie musste auf den Mond zurück,
voller Wärme war ihr Blick,
ihre Eltern lange weinten,
bis sie dann im Monde meinten,

Guljanas lieb' Gesicht zu schaun,
sie durften ihren Augen traun,
immer wenn der Mond war voll,
Guljana sang ihr Lied in Moll:

Sehnsucht nach dem Erdenduft,
schicksalsschwerer Atemluft,
wie leicht hier oben alles ist,
die Mondprinzessin nie vergisst …

Taubenbaum

Wie lieb ich diesen Taubenbaum,
der Baum ein wahrer Taubentraum,
ein Nest darinnen zu verstecken,
nur durch Zu-Fall zu entdecken,

so ich sah die Tauben schlüpfen,
mit Halmen durch die Blätter hüpfen,
das Bäumlein dabei kräftig rütteln,
Gold und Silber aus ihm schütteln,

erkannt es sanft vom Baume nieseln,
Schweigezoll auf Wiesen rieseln,
Traumtaube schloss mir meinen Mund:
„tu den Nistplatz keinem kund",

nur der Eine darf dies mit mir teilen,
auch mal unterm Baume weilen,
der die Täublein lernt zu mögen,
nicht als Braten mehr aus Trögen,

Baum des Lebens trage Frucht,
wer recht gründlich nach dir sucht,
Traumtaube lohnts mit hohem Wissen,
zu Füßen dir das güldne Ruhekissen.

Freund Grünspecht

Freund Grünspecht lache,
weiße Taube auf dem Dache,
was ich heut auch mache,
das wird gewiss 'ne runde Sache,

Sonne durch die Wolken knallt,
dass es durch die Berge hallt,
Nebelschwaden aufgewallt,
ein Reh spaziert im Blätterwald,

so aufgetankt zur Arbeit fahren,
in all den winterharten Jahren,
die Freude dabei zu bewahren:
Dank der Natur – der wunderbaren.

Traumtaube

Tack, tack, es klopft, tank, tank,
eine Taube auf der Fensterbank,
mit ausgebreiteten Schwingen,
wen hör ich da bloß singen?,

bist du es, lieber Taubentraum,
den ich wag zu glauben kaum?,
ja, ich bin es, geliebte Schwester,
heute baue ich keine Nester,

schau in meine Augen tief,
es ist, als ob das Meer mich rief,
Traumtaube, bist du der Delphin?,
ja, wir beide in den Süden ziehn,

da sehe ich meine Lieblingsinsel,
Maler schwingen ihre Pinsel,
die zwei Falken, sind das wir?,
ja, wir suchen Frieden hier,

sieh, da auf dem Meeresgrund,
zwei Krabben laufen im Verbund,
ich weiß, das sind wir beide auch,
ja, wir üben einen alten Brauch,

oh Traumtaube, glaube mir,
das eben war sehr schön mit dir,
doch willst du etwas sagen mir?,
ja, du bist dein Sehnsuchtsorte hier,

schöpfe aus deinem vollen Brunnen,
grabe, tauche: viel ist verschlungen,
suche nur in dir nach Schätzen,
brauchst dich niemals abzuwetzen,

oh, liebste Taube, ich dank dir sehr,
ich grüße von uns das liebe Meer,
in meiner Mitte der breite Fluss,
fließt zu dem Meer mit einem Kuss,

Traumtaube lächelt froh mir zu,
liebe Schwester, heiter seiest du,
sie schwebt, mein schöner Traum,
ins Blätterdach vom Taubenbaum.

Schneeballbaum

Diego Devenshire, der Kater,
wäre zu gern ein guter Vater,
er steht in seinem Küchenraum,
schaut auf einen Schneeballbaum
und denkt zurück, als er noch Kind,
das im Spiele seine Freude find,

rauf auf den Baum, 'nen Ball gepflückt,
der weißen Elli, sehr entzückt,
als Krone auf den Kopf gesetzt,
wie hat die ihre Krallen gewetzt,
flugs eins im nächsten Ast gehangen,
Diego hat ihren Schneeball aufgefangen,

Elli schwer erzürnt davongestoben,
seine Lieder Elli in den Himmel hoben,
so bat er sie um recht gutes Wetter,
nun gut, sie wurde auch wieder netter,
bald waren sie ein Liebespaar,
das ist uns allen sonnenklar,

nicht lange, die Kindlein kamen an,
Max, Paul, dann war die Anna dran,
mit Diego über Wiesen tobten,
abends Ellis Fresschen lobten,
die Kinder aufgelegt zu Streichen,
denkt Diego an den Tag der Eichen,

beim Ausflug alle drei entschwunden,
dachte Diego zu nutzen auch Sekunden
und küsst der Elli auf die süße Schnute,
da plötzlich spricht die Eiche: „Gute
Nacht" und wirft fast alle Eicheln,
dass die beiden mussten weicheln,

Gekicher aus dem Baum erschallt,
dass im ganzen Wald es hallt,
die drei auf einem Aste saßen
und herrlich mit den Eltern spaßten,
den kleinen Kobolden abends dann im Bett,
sangen die Eltern ein Nachtlied im Duett,

seufzt Diego: „sind das Zeiten!,
bald gehen sie in der Welt, der weiten,
auf Wanderschaft in ihrem Leben,
viel Liebe wird ihnen mitgegeben,
vielleicht sollte ich einen Schneeball pflücken
und Elli aufs Geratewohl entzücken?!" …

Sonnenbote

Der Flaum
am Saum
kann kaum
vom Baum
stammen,

im Raum
der Traum
vom Schaum
kann kaum
täuschen,

Heini sitzt in der Badewanne,
Gischtkronen auf der Haube,
vor seinem Fenster die Tanne,
auf einem Zweig die Taube,

ein Auge zu, das andere offen,
vom Himmel plötzlich da ein Strahl,
segelt Falke Sonnenbote besoffen
in die Wanne: verdammt nochmal,

im Meer mit wogenden Wellen,
rudert Sonnenbote heran:
ich soll von oben dir bestellen,
eine Glückslawine rollt heran,

der Trick bei der Geschichte ist,
lass dich besser überrollen nicht,
bei jedem Glück ein bissel Mist
kann fallen auch auf dein Gesicht,

die Taube, wie ihr alle wisst,
ein Auge auf, das andere dicht,
flötet: Sonnenbotes kleine List
wirft dennoch Schatten nicht auf Licht,

setzt sich auf des Falken Kopf,
und rubbelt ihm die Haare,
der hat zu tun, der arme Tropf,
da eine Stimme ruft ganz klare:

genug, genug, aus und vorbei,
und schmettert die Fanfare,
zu Ende diese Schelmerei,
es kommen gute Jahre,

es liegt an uns zu segeln,
volle Fahrt im offenen Meer,
oder am Ofen Strümpfe zu häkeln,
die Wanne gibt ein Meer auch her,

allzeit flotte Fahrt im Leben,
ein jeder wie es gut ihm tut,
dem Ganzen göttlichen Sinn zu geben,
ich lüpfe erst mal meinen Hut …

Himmelsbote

Über Thüringen die Sonne
malt uns schönste Himmel,
auf der Wolkenkolonne
galoppiert ein Schimmel,

edles Haupt mit Silbermähne
über Donnerhuf' aus Gold,
Ihn darauf zu sitzen wähne,
doch ist Er überhaupt gewollt?,

da seht: die Farben bleichen,
Sonne verschluckt von Wolken,
der Schimmel, er muss weichen,
unfassbar schlimme Folgen,

der liebe Reiter hebt die Hand
und winkt ihm nachzueilen,
alles außer Rand und Band,
kein Grund mehr zu verweilen,

Gold und Silber über uns
wird der Himmel senden,
mit einer wirkungsvollen Kunst:
du musst das Blatt bloß wenden.

Sternenwirbel, Flockensturm

Sternenwirbel, Flockensturm,
wie hoch, lieber Gott, ist Dir mein Turm?,
möchte so gern zu Dir gelangen
und fest doch an der Erde hangen.

Sternenwirbel, Flockensturm,
im Apfel dieser kleine Wurm,
frisst sich voll, fast bis zum Bersten
wie der Teufel Seelen, auch der Ersten.

Sternenwirbel, Flockensturm,
gern dich an den Ofen locken,
schaust hinein in tiefe Glut,
der Feuerhüter meint es gut.

Sternenwirbel, Flockensturm,
selbst nicht in der Wärme hocken,
peitschen auf das Himmelszelt,
jagen Blitz und Donner durch die Welt.

Sternenwirbel, Flockensturm,
schlag dem Apfel aus den Wurm,
bring das Feuer in dein Leben,
dem Meeresstern die Hand zu geben.

Sonnenkuss

Sommersonnenwende:
reiche ihr beide Hände,
im Farbenrausch der Sinne,
dein Herz zurückgewinne,

es verlorenging im Winter,
die Mauer: sieh!, dahinter
hat es bibbernd sich versteckt,
dass es niemals jemand neckt,

kalt, so frostig hinter Mauern,
unerwartet Freudenschauern,
ein feines Ohr hört's brechen,
wie wild auf einmal stechen,

da, der kleine Lichterfunken,
in Herzmitte hat gewunken,
will die Türen alle sprengen,
die das verkühlte Herz einengen,

Sommersonne flutet ein,
spült den Herzstrom wieder rein,
in der Mitte entspringt ein Fluss
durch der Sonne heißen Kuss.

Geschenkter Himmel

Geschenkter Himmel bist du schön!,
ich wünschte in dir spaziernzugehn,
über Wolkenbänder unentwegt,
die Seele jubelt angeregt,

Alpenglühn der Himmelston,
vielleicht sogar zu hören schon
als liebliches Geläut von Glocken,
der Himmel will die Menschen locken,

geht zu zwein die Himmelsketten,
könnt einander ihr euch retten,
und die Liebe neu entfachen,
mindestens gemeinsam lachen,

träumen, tanzen und genießen,
seht, wie Himmelsschlüssel sprießen
um euch her in saftigem Reigen,
erklingen Harfen und auch Geigen,

nun, wie euch zu eurem Seelenklang,
leise, laut, mal kurz, mal lang,
lasst ihn fürder in euch klingen,
geht durchs Leben wie mit Schwingen.

Sternenauge

Als ich klein,
Sternchen war mein Name,
ein Rehlein,
von einem Stern wohl kame,

goldene Sonne
flutet Gründe in Strahlen,
Herzens Wonne
mit nichts zu bezahlen,

mein Los,
Rehaugen zu sehen,
sanft und groß,
sagenhaftes Flehen,

eins geworden,
Sternenaugen schimmern,
besonderen Orten
ein märchenhaftes Flimmern,

der Hirsch
mit dem goldenen Geweih,
ruft frisch,
ein Sonnengott er sei,

mein Herz
zieht mit ins Sonnenreich,
Sehnsuchts Schmerz,
so weich und ach so reich!

Die Nebel ziehen

Des eisernen Tores Hebel
öffnet es mit Schwung,
ich tauche in den Nebel
mit einem großen Sprung,

da stehe ich mit Staunen
in einer Welt der Schatten,
die Nebelwälder raunen:
kannst alles hier bestatten,

Fichten mich umschlingen,
streichen wohlig mein Gesicht,
lausch dem glockenhellen Singen:
hinterm Nebel geh ins Licht,

doch wohin soll ich schreiten,
ich kann partout nichts sehen,
Augen zu! – Nebel mich geleiten,
ich lasse es geschehen,

Sorgen, Ängste: hier! gelassen,
Vertrauen als Hauptgedeck,
kein Zürnen mehr, kein Hassen,
Ruhe erfüllt nun ihren Zweck,

Zögern an des Lichtes Schwelle,
als hielten Schatten mich zurück,
ein Schups brachte mir die Helle,
zurück?, kein einziger Blick.

„Pokémon Go"

Fix, Flax, Flugs,
das heute ist die Krux:
überdreht und abgedreht,
Spuren schnell vom Wind verweht.

Fix, Flax, Flugs,
wo bitte ist der Luchs?,
Gamer virtuelle Monster jagen,
zerstören und klauen in diesen Tagen.

Fix, Flax, Flugs,
wir machen uns 'nen Jux,
klatschen Kinder auf den Straßen,
hauen Omis lachend aus den Latschen.

Fix, Flax, Flugs,
wir reden nur noch Stuss,
albern fröhlich durch den Äther,
betrauern Tote dann mal später.

Fix, Flax, Flugs,
es kommt der Bummelux,
Söldner fluten um zu morden,
gespensterhaft verschwundene Horden.

Fix, Flax, Flugs,
weg mit all dem falschen Ruß,
den Weg zur Einfachheit gefunden,
Wahrhaftigkeit zum Kranz gebunden.

Sonnenflimmern

So schwarz die Nacht,
auf!, ja aufgewacht
ihr treuen Morgenfeen,
lasst mich eure Augen sehen:

des Himmels hellstes Blau,
langes goldenes Haar ich schau,
die liebe Sonne, sie will scheinen,
Mond und Sterne flink vertreiben,

so stelle ich mir den Anfang vor:
ich fahr durchs goldene Himmelstor
in einen duftenden Rosengarten,
wo herrlich viele Engel warten,

es ist die reine Freude: pur! –
ich sehe mich um – wo bin ich nur?,
im Garten, wo verschiedene Pflanzen
traurig durch die Hallen tanzen,

zu allem Übel noch maskiert
und von Problemen stark flankiert,
bin ich schon am Ausgang hier?,
Untergang will scheinen mir,

dagegen setze ich meine Welt,
die mir alles hier erhellt,
versuche ein wenig Licht zu spenden
und streichele sie mit sanften Händen.

Liebe

Luft erfüllt mit Rosenduft.
aber Rosen sehe ich nicht,
eine sanfte Stimme ruft,
doch blendet mich nur Licht,

das Licht wird immer heller,
Duftrosen hüllen mich ein,
meine Schritte immer schneller,
was soll denn das nur sein,

ich kann's mir nicht bedeuten,
mir wird so wohlgemut,
ich höre gar Glocken läuten
und lüfte meinen Hut,

da steht sie plötzlich vor mir,
von schönstem Angesicht,
sie sagt, ich bin jetzt bei dir,
weil dich so viel anficht,

komm, gehen wir spazieren,
dort, in dem Wolkenhain,
erst werden wir dinieren
und trinken Rosenwein,

wie fühle ich mich trunken,
mein Herz zutiefst berührt,
ihre Hand heilt alle Wunden,
mich gnadenrein sie führt,

Friedenstauben schwirren
im Herzen und im Hirn,
meine Sinne sich entwirren,
normal die heiße Stirn,

sage ich: Maria, unsere Liebe,
wie haben wir dich gern,
niemand fällt durch deine Siebe,
bist allen nah und niemals fern.

Sternenhimmel – Sternenschwestern

Kommt herab, ihr lieben Sterne,
will euch nah, nicht nur in Ferne,
ich liebe euren funkelnden Schein:
will aufgesogen von ihm sein,

elektrisiert im Tanz der Liebe
ich in den Himmel mit euch fliege,
es leuchtet der Stern Antonia:
er ist für Dich und alle da,

ach!, ihr Sternenhimmelfarben
seid satt, braucht nicht zu darben,
und doch schau ich von dort herab:
Sehnsuchtstau mein Aug löst ab,

ich steig mit meinen Sternenschwestern
in die Zukunft aus dem Gestern,
sausen die Himmelsleiter runter:
das Erdengrau wir machen bunter,

so schau, ob Du erkennen kannst,
wie Antonia mit den Sternen tanzt,
und lausch ganz tief in deine Stille:
fühl ihren Tanz als Gottes Wille.

Sabrina

Tanz Sabrina, tanze, tanz,
nimm zum Tanze dir den Franz,
im Walzertakt vereint zu zwein,
genieß dabei des Himmels Schein,

lach Sabrina, lache, lach,
ist für manchen das nur Krach,
dann lach ganz leis in dich hinein,
das wird dir größte Freude sein,

schwimm Sabrina, schwimme, schwimm,
nimm Geschenke des Himmels hin,
dankbar sei in seinem Strom,
schwimmst in seiner Quelle schon?,

schlaf Sabrina, schlafe, schlaf,
sei nicht nur im Schlaf ein Schaf,
natürlich nicht das übertragene dumme,
nein, des großen Hirtens junge,

sei Sabrina, sei nur, sei,
und sei dir niemals einerlei,
geh den Weg, der dir bestimmt,
Er dich in seine Arme nimmt.

Erde

Enteistes II

Im Atem des Eises
die Quadratur des Kreises:
eingefangen-ausgehaucht,
aus dem Innern aufgetaucht,

im eisigen Vergehen
plötzliches Verstehen:
alleins-gebundene Linien
schwingen sich um Pinien,

Tanz der Kreise mit den Ecken,
lieb-verschämt sich beide necken:
verschollen aus dem Ewigen Eis,
weil aufgefahren ins Paradeis.

Eisaugen

Schaut!, Tausende Stümpfe
von Fichten: meterhoch!,
ausgetrocknete Nymphe
steigt aus dem Erdenloch,

sie schaut – und muss weinen,
erfrorene Tränen, perlengleich,
stürzen auf Erdmutters Schreien,
die einst so gesund und reich,

schaut hin, ihr gefrosteten Augen,
taut auf und schmelzt euer Herz,
wozu sollen wir noch taugen,
außer zu atmen den Schmerz?,

schaut Gott, den Schöpfer von allem,
und bittet Ihn innig, so tief:
Er führe des Satans Vasallen
zum Feuersee, der lange schon rief.

Erwachen

Auf der Lidern Morgentau,
schimmernd Seenaugen schau,
unschuldig aus der heilenden Nacht
mit sanftem Lächeln aufgewacht,

der Linde ihre feinen Äste,
beherbergt trillernd putzige Gäste;
schon seit vielen, vielen Stunden
dreht der Falke seine Runden,

Krokusse ihre Köpfchen recken,
Schnee und Eis die Waffen strecken,
Kater Alfons streicht sich seinen Bart,
seine Lisa sucht, die ach so zart,

Baumes Knospen noch verhalten,
Knospenknall als Boten walten:
alles will sich neu entdecken,
und Lust will volles Leben wecken.

Sonnenwende

Wenn im März die Schwäne singen,
Glücke dir und Tränen bringen,
bereit halt dich für neues Leben,
die Liebe will so vieles geben,
drum sei kein Narr und singe mit:
„die Liebe ist der größte Hit!".

Wenn im März „Krokanten" lachen,
die Welt ein wenig bunter machen,
fliegt in den Himmel manche Seele,
damit ihr's nicht an Liebe fehle,
Wurzeln versenkt in Mutter Erde,
sie selbst zur Himmelsleiter werde.

Seelenwunsch – Seelentausch?,
stille sei, dem Herzen lausch,
taumelnd nur im Liebesreigen,
hörst du der Engel Uralt-Geigen,
mit deiner Liebsten tanz, oh tanz!,
gib dich ihr und Jesus ganz!

Wozu Kriege?

Der Mensch sucht den Tod,
er ist nicht im Lot,
nicht mit sich und keinem,
niemals im Reinen,

Eigenhass, Wut und Gier
sogar auf alles Getier,
alles soll vernichtet werden
hier auf Erden,

gleich zu gleich sich findet,
Kriege Krieg nur bindet,
und die kurzen Friedenszeiten
scheinbar Herzen weiten,

wenn Krieg im Wesen ist,
Attacke Fahnen hisst,
wird es niemals Ruhe geben,
Tod zum Ziel erheben,

Unterdrücker gedrückt,
Waffen werden gezückt,
Ausgleich ist das Losungswort,
und sei gut: in Tat und Wort.

In der Glut

Glutrote Blumen künden Liebe,
blutroter Abendhimmel Kriege,
Unvollkommene verkünden Siege
durch lüstern-gemeine Bombentriebe,

doch auf noch so kargem Boden
blühen die schönsten Blumen fein,
Liebe richtet überall sich ein,
sie ist in aller Zeit- und Wetterperioden,

ausradiert das Schlechte – irgendwann,
Blumenteppiche rot und bunt,
alle Erden-Ströme fließen munter und gesund,
ein roter Himmel nur von Liebe künden kann.

Hetze – Zungenwetze

Wirf die Zeitung fort,
News bei Google meide,
geh in deinen Herzensort,
die Liebe sei dein Kleide,

das Volk zu verdummen,
der Medien auserlesenes Ziel,
Spiel der dummen „Jungen“,
Kriegs-Nase im Profil,

ihr seid doch schuld an allem,
wir sind es niemals nicht!,
Putin und Erdogan hört lallen,
über sie kommt das Gericht,

wir?, wir sind die Klugen,
die AllesBesserWisser, ja,
wir waren das mit den Juden?,
ach so, lange ist es her, tata,

längst nach Zwölf die Uhr,
es ist schlimm und schlimmer,
ein jeder mit sich in Klausur,
vorbei des Lebens Schimmer?,

nur Einer kann's noch drehen,
schenkt Liebe, Glaube, Frieden,
auch in deines Herzens Leben
sei alles das beschieden.

Europa in Not

Europa in Not,
Europa bald tot?,
Ja!,
auseinander fällt,
was nicht zusammenhält,
im Grunde genommen,
ist nicht zusammengekommen,
was zusammengehört,

hört, hört,
Warnungen in den Wind,
Ignorantia das liebste Kind,
„Kinder an die Macht",
war das so gedacht?,

wer mag das entscheiden,
groß noch werden Leiden,
der Euro kracht,
die Welt dann lacht?,
Nein!,
Europa in Not,
Europa bald tot?,
Ja?!?

Ganz normaler Wahnsinn

Die Arbeit endlich ist getan:
Wir fliegen über die Autobahn
ein LKW schert aus dem Tross:
Herzens Flattern grenzenlos,
    tatütata – tatütata:
die Feuerwehr ist auch schon da,

vom Tageswahnsinn abgebogen,
„News" verdauend eingesogen,
Musik die Nerven breitgehämmert,
im Walde dann es langsam dämmert,
einem Fahrer hinterhergezuckelt,
der ständig an seinem Handy nuckelt,

vorbei!, kurvige Höhn hinaufgebrettert,
der Beifahrer wär lieber raufgeklettert,
da!, ein Hirsch inmitten unserer Straße,
zum Glück ich gerade nicht so rase,
zwei Kitze spielen paar Kurven später,
der Habicht streift die Vorderräder,

zu Hause halbwegs angekommen:
das Herz 300 Schläg' bekommen,
Essen flink trotzdem bereitet:
ein Maultier in die Küche reitet,
    tatütata – tatütata:
die Feuerwehr, sie ist gleich da.

Eine Morgenstimmung

Ein Wecklied der Hildegard von Bingen
bringt frühauf mich schon zum Singen,
trällernd ab ins Bad marschiert,
im Bad Sinatra parodiert,

den Blumen flink noch Wasser geben,
Samba lässt den Hüftspeck beben,
das Auto mit den Hufen scharrt,
Fledermäuse rufen: „Start",

scheibenbeschlagen seh ich nichts,
Johannes im Radio meint rechts,
der Nebel schickt mir Spukgestalten,
volle Bremsung: schnellstens halten,

der kapitale Hirsch dort auf der Straßen,
stoppt mein forsches Hardrock-Rasen,
hinter der Kurve Hirschkuh Leila,
lange schaut mich an: auweia,

der Wald mich endlich ausgespuckt,
ein Hase mich noch angeguckt,
im Büro dann angekommen,
einen Kaffee eingenommen,

kann der Arbeitstag nun auch beginnen,
da purzeln Wörter wie von Sinnen,
sich zu Reimen wollen binden,
Bilder müsst ihr selber finden,

und wenn ihr das nicht glauben wollt,
mein Liebster sicher euch bezollt:
alles wahr ist, nichts gelogen,
ein zauberhafter Bilderbogen.

Das arme Schwein

Ihr Schweine stillgestanden!, hört gut zu,
was ich euch heute sagen tu:
wir Menschen essen gerne euch,
drum legt euch mächtiglich ins Zeug,
und werdet dick und kugelrund,
ob das schick oder gesund,
spielt wahrlich keine Geige,
Fleisch, Fleisch, Fleisch – geh nie zur Neige,

damit ihr nicht so viel rumsaust,
ihr in engen Ställen haust,
oder eng an eng auf karger Erde
zu Magermodels ihr nicht werde,
ach, wir haben euch zum Fressen gern,
dick, doch ohne Fett: das ist der Kern,
den wir zu knacken haben,
hoppla, hoppla, bloß nicht traben!,

ihr Schweine stillgestanden!, hört gut zu,
was ich euch jetzt noch sagen tu:
eine Riesenprämie kriegt das dickste Schwein,
das alle Vier lässt gerade sein,
Ringelschwänzchen auf zum Henker,
bums, aus! – ohne viel Gestänker
geht deine Seele himmelwärts,
und ich versprechs: ganz ohne Schmerz!

Traumwelten

Träume sind keine Schäume,
doch öffnen Träume Räume,
schlag sie niemals künstlich auf,
füg dich ein in ihren Lauf,

zwei recht starke Menschenwesen,
eng bei eng zusammengelegen,
träumen ein Jedes für sich allein,
und doch, wie kann das möglich sein,

gemeinsame Träume in der Nacht,
denn als sie endlich aufgewacht,
erzählen sich ein paar der Szenen,
im Traum sich sehr verbunden wähnen,

da Träume wahr sind, nichts als wahr,
ward den beiden sonnenklar,
verbunden auf geheimnisvolle Weise,
nicht nur in des Traumes Reise,

sind und bleiben sie im Leben,
Rätsel lösen wie auch Rätsel geben,
befreit und dennoch fest verwoben,
aus dem Tal ins Licht gehoben,

träumt nur, immer lebt so weiter,
fasst fest des Engels Himmelsleiter,
zu einer Neugeburt bereit,
greift doch zu, seid bloß gescheit,

träumt und lebt die große Liebe,
um nichts anderes gehts im Weltgefüge,
lebt den Traum und träumt das Leben,
Gott wird euch den Schlüssel geben.

Wut

Babystimmen, die sind „in",
Geglucks, Gesabber ohne Sinn,
Erwachsene wie Vollidioten
dreschen Albernheit und Zoten,

seiern weichgespülten Mist,
der Hörer oft verzweifelt ist,
der Radiosprecher klugen Rat
setz du getreulich um in Tat,

so wirst du nämlich Sonne bunkern,
mit Sternen um die Wette flunkern,
Handschuh an den Hut dir knüpfen,
dein Kleid mit einem Schlitze lüpfen,

halt!, das geht nun wahrlich nicht,
ein Schlag mitten rein in das Gesicht,
wir sind doch alle furchtbar lieb,
niemand fällt durch Justitias Sieb,

die Renten gerad erhöhet sind,
bis 70 arbeiten, mein geliebtes Kind,
wird diskutiert nur keinen Tag später,
„see you later aligator",

„Wahlvieh" für blöde wird verkauft,
sich kloppend doch die Haare rauft,
„zerfleischen", in die Gräber legen,
Mutti spricht den Gottes-Segen:

„mein Volk, gib Ruh und schlaf,
sei endlich doch ein kluges Schaf,
ich bette dich zur letzten Ruh
und drücke dir die Augen zu".

Die Ach-so-Guten

Die „Guten" vernichten
Wald, Flur, Mensch und Tier,
versuchen alles umzudichten,
es sei erst fünf vor vier,

setzen auf windige Mühlen,
mit Wirbel Gehirne zu kühlen,
der „Rest" dazu applaudiert,
alle werden abserviert,

der alte weise Baum: er fällt,
kein „Guter" sein Sterben je aufhält,
und so sind Menschen weise,
sie sterben einfach leise,

keine Worte für Verbrechen,
die Schöpfung hält den Atem an,
alles wird sich einmal rächen,
das kein „Guter" je verhindern kann …

Wetterbericht: modern

Ei guck a mal und schau,
der Himmel wird heut blau,
ihn zieren ein paar Dekowölkchen,
so richtig nett fürs dumme Völkchen,

ein paar Tröpfchen fallen,
können aus den Wolken knallen;
dass es flöckelt, nicht unmöglich ist,
Neuschnee sich durch Höhenlagen frisst,

graues Wolkentuch im Böendreck,
auch Sturm ist mit im Marschgepäck,
die Sonne mal durch paar Löchlein blinkert,
recht schelmisch-lächelnd zu uns zwinkert,

es tröpfelt, pieselt, rotzt und schneit,
niemals, liebe Leut, ist der April gescheit,
Taubeneier hagelt's auch noch vom Gestirn,
wie der Wetterfrösche Schmalz ins Hirn.

Knie-r-Reich

Mein Knie ist die Erotik pur,
ein wenig spitz, doch still und stur
lächelts ständig vor sich her,
sexy sein, fällt ihm nicht schwer,

dümmlich?, nein, das wär gemein
und trübt den wahrlich schönen Schein,
lasziv die Scheibe hebt sich an,
sie fordert flott den ganzen Mann,

die Grübchen laden herzlich ein,
zum Tête-à-Tête im Mondenschein,
sanft berührt, oh! welche Schauer,
beschreiben will ich's nicht genauer,

von wegen: Knie ist ein Gelenk,
des Erotikengels lustiges Geschenk:
ein Spitzenbändchen kurz darob
fordert auf zum wilden Galopp,

was du jetzt siehst: dir überlassen,
Worte fülln noch keine Tassen –
oder lieg ich quer wie mit den Knien?,
ich glaub, ich sollt den Text jetzt fliehn!!!

Rehaugen

Über Berge und durch Wald,
der Automotor weithin schallt,
der Morgensonne ins Gesicht,
rötet es vor Liebe sich?,

zur Sonne auf ein Stelldichein,
der Lichtung herrlich Birkenhain,
wo Hirsch und auch die Rehe äsen,
dort sind sie heute nicht gewesen,

zwei junge Hirsche und eine Kuh,
stoppen meine Fahrt: hej, du,
die Straße kreuzt uns' herrliche Flur,
ich schaue in große Augen nur,

ernst, wie ernst und auch so sanft,
ein Hirschen mit den Hufen stampft,
schreiten sie auf ihre Lichtung,
die Sonne im Geweih weist Richtung,

lange blieb ich auf der Straße stehn,
bekam was Großes hier zu sehn,
ein volles Herz ist mein Gewinn,
dieses trage ich nun zur Arbeit hin.

Lebenslinien

Es zieren wir Falten
nicht nur die Alten,
Lachfalten um Augen
immer auch taugen,
vor Freude im Leben
einfach abzuheben,

uns auszuradieren,
um wen zu verführen,
glatte Larven sagen,
besser nichts wagen,
zeichnet ein Gesicht,
Schatten und Licht,

feine Linien adeln,
weg mit allen Nadeln!,
harte Furchen zeigen
den Himmel ohne Geigen,
besser wie erschaffen,
als machen sich zum Affen,

der Jugendwahn
versaut die Lebensbahn,
entfernt sogar Rippen,
Hängen an Strippen,
Jungsein von Innen,
Haut wie aus Linnen.

Absurd

Meeresrauschen
im Blätterwald,
Rehe lauschen:
Samtauggestalt,

Maschinensturm
auf der Autobahn,
des Elends Wurm:
Machowahn,

Menschenstrom
im Gitterfeld,
des üblen Gnoms:
Ersatzspielheld,

Geldregen
durch die Presse,
Beelzebubs Segen:
Dünnbrettfresse,

Menschenwahn
im Himmelreich,
mit dem Kahn:
U-Boot-gleich.

Inspektor Columbo
Für Peter Falk

Trenchcoat, Klapperkiste, Trottelblick,
manchmal ungepflegt und selten chic,
ein Antityp in allen Kreisen,
bestimmt das Spiel auf viele Weisen,

er ist ein Schlitzohr vor dem Herrn,
gewinnt die Spiele immer gern,
beschenkt mit einigen hohen Gaben,
die in seinem Innern sind vergraben,

doch Karte für Karte kann er ziehen,
eigens dafür sind sie ihm verliehen,
und die Mörder stets erkennen müssen,
der „Vollbluttrottel" kann das mit den Nüssen,

er knackt am Ende auch die schwerste,
bei allem Trick ist er der Fairste,
über Täter bricht den Stab er selten,
auch sie bei ihm als Menschen gelten,

oh ja: käme er daher in feinem Zwirn,
versteckt darin nicht Herz und Hirn,
Respekt ihm sicher schlüg entgegen
von Anbeginn auf den Ermittlungswegen,

„Kleider machen Leute": stimmt!,
und auch nicht, wenn man Columbo nimmt,
als Syncnym für einen hohen Geist,
der arm „bekleidet" durch das Leben reist.

Der helle Tag lacht

Der helle Tag lacht
hinter dicken Wolken hervor,
eigens darum erdacht,
zu schließen das nächtliche Tor.

Die Schwere der Nacht
bleibt in ihrem Schatten liegen.
Traumhüter hält Wacht,
erst wird der Tag obsiegen.

Der Liebste an seine Liebste

Das Beste im Leben,
was Gott mir gegeben,
bist du, meine Schöne;
ich finde kaum Töne,
meine Liebe zu besingen,
zum Ausdruck zu bringen,
wie mein Herz schwingt
und Licht in mich dringt.

Drum werde ich versuchen,
dein Lachen zu verbuchen
tief in mein jubelndes Herz,
weggeblasen aller Schmerz;
lässt sich mich selbst vergessen,
so bin ich darauf versessen,
zu versinken in dein Augenblau,
ich dabei den Himmel schau.

Gott dich mir anvertraut,
Er ganz sicher zu mir schaut,
wie ich die zarte Pflanze hüte,
unsere Liebe niemals – nie – erkühle,
sondern bringe reiche Frucht,
schöpft mit ihrer süßen Wucht
auf Erden einen Himmelsreigen,
in dem sich selbst die Engel neigen.

Des Lebens Endlos-Reigen

Das Gras macht seine Augen zu
und legt sich nieder zur Wintersruh,
es hat seinen Samen eingebracht
in den ewigen Mutterschoß zur Nacht.

Dort wacht es auf – vom Eis befreit
und prächtig auf den Wiesen es gedeiht,
erst zartgrün, dann immer satter,
im Herbst dann wird es wieder matter.

Das Samenkorn muss in die Erde,
so dass es auferstehen werde,
es beginnt des Lebens Endlos-Reigen,
vor dem wir uns voll Demut neigen.

Die Felder abgedroschen

Die Felder abgedroschen,
das Licht der Blumen erloschen,
Stille senkt sich über das Haupt;
mit einem Wimpernschlag raubt
uns das Weiß Herbstlaubfarben.

Geborgen in Mutter Erde,
im Stalle nun die Ziegenherde,
ruht der Same neu aufzuerstehen;
bringt der Wind mit frischem Wehen
uns das Grün aufkeimender Hoffnung.

Zauberhorn, Zauberkorn,
des Schöpfers Kraft an uns sporn,
zu erneuern uns und unser Leben;
aus aller Farben Weiß wir heben:
Hoffnung, Glaube, Liebe.

Eisvogels Ruf

Überirdisch metallen,
glückvoll hörst du ihn hallen,
deine Herzenshände offen,
ihn einzulassen hoffen,

sich ihm zu ergeben,
dein Inneres spürst beben,
halt fest die Kostbarkeit,
die Freud und Leid vereint.

Erwachen

Schimmernden Morgentau getrunken,
den Schwänen über mir gewunken,
mit nackten Füßen fest auf Mutter Erde,
Gedankenflug zur wilden Pferde-Herde,

goldweiß wilde Margariten schaukeln,
Kaninchen mit dem Mohnrot gaukeln,
Rosen, Lider öffnend, strömen Liebe,
dieser Duft mir doch recht lange bliebe,

das Falkenpärchen durch die Lüfte flirrt,
Glückseligkeit in meinem Kopfe schwirrt,
aller Herzen Ströme ineinanderfließen,
nun vereint zurück sich zu ergießen,

Kraftband Liebe auch die Bäume eint,
alles rundum just gegürtet scheint,
kraftvoll und doch mütterlich gebettet,
fühle ich: dieses hat mich oft gerettet.

Es ist noch offen

Es ist noch offen,
doch bleibt zu hoffen,
dass der Mensch erlebt,
wie sehr die Erde bebt,

wird er nicht gesteinigt,
wenn sie sich reinigt,
wird er nicht ersaufen,
wenn die Kontinente laufen,

Hagel, Sturm und Seuchen,
wohin sie auch fleuchen,
was sie taten, holt sie ein,
Menschenkind: muss das so sein?,

es ist noch offen,
doch bleibt zu hoffen,
der Mensch webt neue Muster,
ansonsten wird es zapfenduster.

Pack – Wer? – Ihr?

Wir sind nicht „Rechts" und auch kein „Pack",
doch auch nicht „Links" – in keinen Sack
sind wir zu „Pack"en,
die Nuss habt ihr zu knacken,

wer seid ihr bloß von Gottes Gnaden?,
die sich uns zu sagen wagen,
wer wir sind:
Dummköpfe, Schaf, ganz Rind,

doch wisst, dass zurückfließt,
was ihr über uns ausgießt,
dass wir alle Brüder in dem einen Boot,
das samt und sonders unterzugehen droht,

Jesus winkt uns aber allen zu:
kehrt um!, jeder Einzelne, auch du!,
gemeinsam schafft ihr eine neue Welt –
doch alles erst zusammenfällt?

Dornenkrone

Blutrosen im Schnee,
die Dornen verloren,
nichts tut mehr weh,
in Liebe geboren,

Maria genannt,
Schönste der Schönen,
raubt Bösen Verstand,
die es ihr löhnen,

sie wollen obsiegen,
vernichten was gut,
scheinen zu kriegen,
wie weh das tut,

Dornen geschliffen,
hart sind wie Stahl,
in Untergangsschiffen,
bloß diese Wahl?,

„nur die Liebe siegt",
alle das wissen,
doch Hass überwiegt,
Wutfahnen hissen,

Löcher in Herzen,
dornengeschlagen,
wahnsinnig Schmerzen
in all diesen Tagen,

drum muss ich es sagen:
„es lebe die Liebe",
alle, die es wagen,
fallen nicht durch die Siebe.

Feuerball

Feuervögel speien Lava,
Entflohene der Insel Java
schwärmen aus dem Feuerring,
vorbei ein milder Winter ging,

Feuerwellen sie entfacht,
wo sie waren, niemand lacht,
die Ernten überall vernichtet,
Feuertod sich arg verdichtet,

Feuer fressen auf die Meere,
Feuerwalzen über Heere,
vom Himmel fallen Flieger
auf Gottes Heilige Krieger,

sieh, die Feuervögel kommen,
alles wird dir weggenommen,
anders geht es wirklich nicht,
Jesus ruft uns zum Gericht,

herbei die schiere Feuerbrunst,
doch hinter dichtem Nebeldunst
wartet diese Goldene Stadt,
die neue Schätze für uns hat.

Der letzte Tanz

Zwölf Uhr: die Mittagsstunde
gibt uns Menschen Kunde,
haltet euch bereit,
es ist soweit,

doch tanzt nur in den Karneval,
erschwert nicht extra eure Wahl,
es wird geschehen
was vorgesehen,

die Jagd schon lange ist im Gange,
die Narren sicher in der Zange,
die Jäger eingeladen,
welcher Schaden,

am Abgrund stehn wir allesamt,
wie viele nur an Gottes Hand?,
ach!, einfach springen,
dabei singen,

und tanzen, tanzen, tanzen,
Bombencocktailpflanzen
rundum explodieren,
alles wegradieren.

Erpresst

Geldmacht: Übermacht,
zeigt sich über Nacht,
wider alle Vernunft,
Europas Niederkunft,

legal oder illegal,
ist doch längst egal,
alle nehmen alle auf,
zu Hauf, zu Hauf,

Geld wird gedruckt,
Ökonomen weggeguckt!,
schnell abgeduckt,
wehe, falls aufgezuckt,

alle an der EINEN Strippe,
der EINigEN Zippe,
uneins vereint im Gelde,
aber doch in Bälde

wird es krachen,
vergehen alles Lachen,
Geldpressen schweigen,
auf zum letzten Reigen.

Wach auf

Der Tag erwacht
schön wie gedacht:
entfesselte Sonne,
versprechende Wonne,

der Motor brummt,
ein Vöglein summt:
kiwitt kiwitt Gewitter,
Donner. Glanz, Geflitter,

es bahnt sich heuer etwas an,
pirscht wie ein Puma sich heran,
mulmiges Gefühl im Herzen,
hüpft es auf und ab in Terzen,

es liegt ständig auf der Lauer,
der Sprung: nach wie viel Dauer,
packt uns alle im Genick,
manche finden das noch schick,

es applaudiert dazu, will loben,
niemals hat es sich verhoben,
die ins Gesicht dem Henker lachen,
wird es etwas kürzer machen,

Tanz auf glühenden Kohlen,
Schuhe neu besohlen,
einmischen oder schweigen,
Gewehre oder Geigen,

der Tag jäh endet,
das Blatt sich wendet:
die finstre Nacht
hat uns um den Tod gebracht.

Malcom

Mein Name ist Malcom,
ich will euch heute was melden,
ich bin zwar erst zehn Jahre alt,
mein Geist in einer Kindsgestalt,

was ich alles grad erlebe,
die ganze Welt um mich erbebe,
wer überlebt, wo's nur so kracht,
hat sich auf den Weg gemacht,

auch die Armen dieser Welt,
die Durst und Hunger nicht bestellt,
suchen ihr Heil in fremden Welten,
wo doch andere Gesetze gelten,

Verbrecher freilich kommen mit,
Schlepper verdienen – das ist der Hit,
und Kinder in die Fluten sinken,
ihre kleinen Hände nie mehr winken,

ich weine um die toten Kinder,
sie sind nicht des Kriegs Erfinder,
geboren in diesen Untergang,
in Gottes Netze doch ein Fang?,

wer hat das alles nur verbrochen,
dass Übel aus allen Löchern krochen,
wessen Geistes Kind ihr „Herren" heute,
verdummt nur weiter „Mob und Meute",

ich bete, hoffe, schenke Licht,
oh?!, ihr könnt verstehn das nicht?,
meint, ich wär ein dummer Junge,
passt auf und hütet eure Zunge,

ihr Kinder auf der weiten Erde,
die uns möglichst lange tragen werde,
tanzt, lacht und singt auf dem Vulkan,
dann habt ihr Gutes schon getan.

Köln

Nach Übergriffen auf Frauen,
massenhaft in vielen Städten,
wollen Mächtige darauf bauen,
egal ob Flüchtlinge darum bäten,

eine Sexkundefibel zu erstellen,
die natürlich nur soll dienen,
angeblich etwas zu erhellen,
ihr wisst: die Sache mit den Bienen,

schwarzer Mann auf weißer Frau,
dunkle Frau in eines Weißen Bett,
– gezeichnet ist es ganz genau –,
ach, was sind wir Deutschen nett!,

wir laden alle ein in unsere Betten,
„ZANU" will für Nachwuchs sorgen,
wozu die Kölner dann in Ketten,
die Leitfäden sich bei „ZANU" borgen,

zu Vergewaltigung noch aufgefordert,
das Feuer „regelrecht" entfacht,
der Minister sich 'nen Orden ordert,
ob die weiße Frau darüber lacht?,

auch das LGBTQ+++ darf sich freuen,
für manchen Fremden ist das neu,
hier braucht er gar nicht sich zu scheuen,
mit dem ersten Lover ab ins Heu,

Sex mit einem Ziegenbock noch fehlt,
ach ja, für die Damen einen Rammler,
was in Deutschland wohl nur zählt:
alles möglich hier für Sex-Dienst-Sammler.

Guten Morgen ihr Schönen – bleibt zu Hause

„Immer eine Armlänge Abstand",
so eine Bürgermeisterin zur Frau,
kurzes Kleid: dir fehlt der Anstand,
das weißt du ganz genau,

was einmal galt, gilt nicht mehr,
schaff dir Ganzkörperschleier an,
das beißt sich zwar mit Gender sehr,
doch untertan bist du dem Mann,

wirst im Freibad du bedrängt,
deine Schuld: was gehst du da auch hin,
bleib sittsam zu Hause eingezwängt,
das ist nun dein neuer Sinn,

die Oma mit neu gekaufter Pfanne
beim Überfall haut kräftig zu,
es verlieren alle Nadeln einer Tanne
die Täter und fliehn die „alte Kuh",

Nacktfotos, Schweinefleisch: passé,
Alice Schwarzer kann sich freuen,
militante Veganer brülln juchhe!,
so vieles wird sich nun erneuern,

ach, ihr Frauen und ihr Männer alle,
nichts geschieht in Freiheit mehr,
wir sind in einer „super"großen Falle,
die gibt kaum einen wieder her.

Marionettenschicksal

Sitzt du doch als Marionette,
als dümmliche und ach so nette,
klimpere mit den Augen kurz
und applaudier zu jedem Schnurz,

hältst du das nicht lange aus,
in hohem Bogen fliegst du raus,
die Luft ist besser, keine Frage,
was soll der Wolf mit deiner Klage,

Gemeinderatssitzung wie gemein,
ja eigentlich für uns soll sein,
die Taschen füllt nur einiger Räte,
sie zu stürzen schon zu späte?,

Ohren, Augen, Münder auf,
nehmt Bedrohung auch in Kauf,
Schlechtes hält sich nicht auf Dauer,
obwohl es ständig liegt auf Lauer,

schöpfe deine neue Welt,
male sie dir ganz ohne Geld,
doch handele auch wo's nötig ist
und bete, dass sie wachgeküsst.

„Hallo Himmel"

Augen, die in den Himmel schaun,
den Vöglein ein paar Federn klaun,
in die Luft zu erheben sich getraun,
und nach Süden abzuhaun.
– Hallo Himmel –

Wie ein Adler durch die Lüfte stoßen,
ausspeien rot-grün-braune Saucen,
wo einst Milch und Honig flossen,
wird heute Bombensekt genossen.
– Hallo Himmel –

Höhlen bauen und Himmelszelte,
Liebe mit Liebe pur entgelte:
dem Bösen, das den Hass bestellte,
jagen fort aus dieser Welte.
– Hallo Himmel –

Anmerkungen

Seite 8: Maria: Veröffentlicht, in: *Sonnenaugen himmelwärts. 99 religiöse Gedichte in sieben Zyklen.* Wildflecken 2020, S. 65.

Seite 11: Anfang ohne Ende: Veröffentlicht bei E-Stories, 2021.

Seite 16: Sündflut: Veröffentlicht bei E-Stories, 2021.

Seite 19: Windhauch: Veröffentlicht, in: *Sonnenaugen himmelwärts. 99 religiöse Gedichte in sieben Zyklen.* Wildflecken 2020, S. 61.

Seite 20: Gebet II: Veröffentlicht, in: *Sonnenaugen himmelwärts. 99 religiöse Gedichte in sieben Zyklen.* Wildflecken 2020, S. 12.

Seite 23: Liebeshimmel – Himmelsliebe: Veröffentlicht, in: *Sonnenaugen himmelwärts. 99 religiöse Gedichte in sieben Zyklen.* Wildflecken 2020, S. 56. Hier abgedruckt in geringer Variation.

Seite 24: Schneeflocken: blutrot: Veröffentlicht, in: *Gedicht und Gesellschaft 2016. Frankfurter Bibliothek.* Frankfurt am Main 2016, S. 110. *Sonnenaugen himmelwärts. 99 religiöse Gedichte in sieben Zyklen.* Wildflecken 2020, S. 48.

Seite 27: Herz-Heil: Veröffentlicht bei E-Stories, 2021.

Seite 61 f.: Guljana: In Anlehnung an den Film *Das Geheimnis der Mondprinzessin* nach dem Buch *Das kleine weiße Pferd* von Elizabeth Goudge.

Seite 71: Himmelsbote: Veröffentlicht, in: *Sonnenaugen himmelwärts. 99 religiöse Gedichte in sieben Zyklen.* Wildflecken 2020, S. 42. Hier abgedruckt in Variation.

Seite 73: Sonnenkuss: Fünfte Strophe, vierter Vers: In der Mitte entspringt ein Fluss. In Anlehnung an den US-Film *Aus der Mitte entsprang ein Fluss* von 1992.

Seite 85: Eisaugen: Veröffentlicht bei E-Stories, 2023.

Seite 91: Europa in Not: In der dritten Strophe Vers mit Liedtitel von Herbert Grönemeyer.

Seite 95 f.: Traumwelten: Nach parallelen Träumen eines Paares.

Seite 113 f.: Dornenkrone: Veröffentlicht, in: *Sonnenaugen himmelwärts. 99 religiöse Gedichte in sieben Zyklen.* Wildflecken 2020, S. 109.

Seite 121 f.: Köln: Siehe auch den folgenden Artikel im *Berliner Kurier* vom 10.3.2016, S. 3:

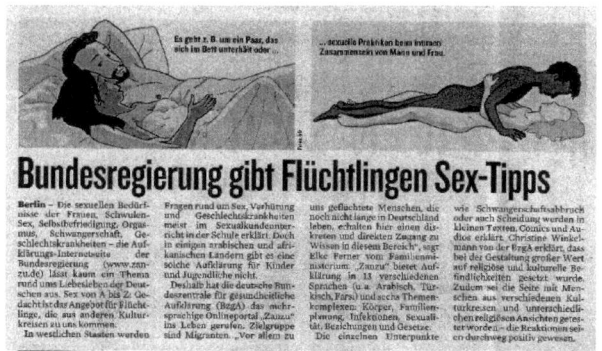

Seite 123: Guten Morgen ihr Schönen – bleibt zu Hause: Abgewandelter Titel von Maxi Wanders *Guten Morgen, du Schöne*.

Seite 124: Marionettenschicksal: Veröffentlicht, in: Südthüringer Rundschau, Nr. 42 vom 17.10.2015, S. 16.

Seite 125: „Hallo Himmel“: Liedtitel von Heinz Rudolf Kunze.

Zu den Abbildungen

Seite 7: „Maria", Grafik von Anke Buthmann, Bleistift.

Seite 43: „Wo Himmel und Erde sich berühren", Bild von Anke Buthmann, Acryl.

Seite 83: „Frau von Welt", Bild von Anke Buthmann, Aquarell.

Inhalt

Anke und Reinhard Buthmann: Sonnenaugen himmelwärts. 99 religiöse Gedichte

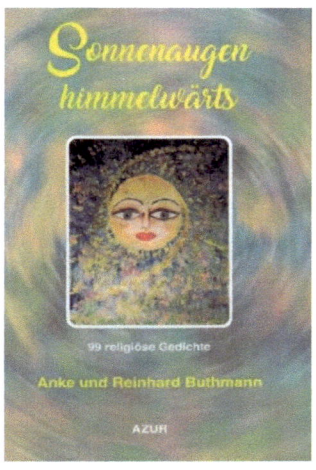

Ihr beider berufliches Herkommen, bei Anke Buthmann die harte Schule der Ökonomie und bei Reinhard Buthmann die der Technik- und Naturwissenschaften, verrät rein gar nichts über ihre bereits zu Jugendzeiten entfachte Vorliebe für die schöngeistige, gehobene Literatur. So führte letztlich Gottes verborgenes Wirken zu diesem in dieser Edition wechselseitig vorgetragenen Duett in sieben poetischen Klangzyklen. Ein Buch, das laut gelesen werden will.

AZUR Verlag, Wildflecken 2020, ISBN 978-3-429-05876-0